AF257358

NOTES SOMMAIRES

SUR

LE PROJET DE BUDGET.

NOTES SOMMAIRES

SUR

LE PROJET DE BUDGET;

PAR UN SERVITEUR DU ROI.

VERSAILLES,

A LA LIBRAIRIE D'ANGÉ, RUE SATORY.

1816.

NOTES SOMMAIRES

LE PROJET DE BUDGET.

~~~~~~~~~~

On est forcé de se borner à quelques points, de se contenter d'une ébauche, et de se référer aux deux brochures déjà publiées (1).

Il faut d'abord relever quelques erreurs typographiques, qui malheureusement se représentent sous les presses de l'Imprimerie royale, comme sous celles du Moniteur.

(Discours à la Chambre, page 13.) « L'élaboration des dépenses produit une économie de deux cent cinquante millions ». (Rapport au Roi, page 19.) « Le budget » de 1815 évalue la dépense des ministères à » cinq cent soixante-quatre millions : elle » est réduite dans le budget de 1816, à trois » cent trente-huit millions ».

Cependant il appert (page 77, état 7) au budget réglé en septembre 1814, que la dé-

(1) Quelques Vues sur les Finances, 108 pages; et suite de quelques Vues sur les Finances, 150 pages.
~~~~~~~~~~

pense totale de 1815 devoit être de cinq cent quarante-sept millions : et l'on voit (page 89, état 13) dans le budget proposé pour 1816, que la même dépense s'élève à cinq cent vingt-quatre millions. Or ce n'est qu'une différence de vingt-trois millions, et non pas de deux cent cinquante ou de deux cent vingt-six millions, comme dans les premières assertions.

Pour réduire le budget de 1816, à trois cent trente-huit millions, il n'est d'autre moyen que d'en distraire les cinq premiers et les trois derniers articles : et comme par esprit de justice, il faudroit les défalquer également du budget de 1815, sa somme ne monteroit plus qu'à trois cent quatre-vingt-huit millions, dont il faudroit soustraire la diminution proposée de dix-huit millions.

Ainsi les dépenses propres des ministères étoient fixées en 1815, à trois cent soixante-dix millions, et sont établies pour 1816, à trois cent trente-huit milllons. Les deux budgets en donnent la preuve en détail ; et l'économie réelle se limite à trente-deux mil-lions..

Il paroîtroit qu'on a calculé le budget de 1815, non sur sa fixation légale, mais d'après l'exagération produite par les circonstances. En suivant une voie aussi trompeuse, il étoit tout autant légitime de le supputer à neuf cent quarante-cinq millions, où les taxes de guerre l'ont porté en effet : alors en omettant de considérer celles qui incombent au budget de 1816, la différence entre l'un et l'autre n'est rien moins que de quatre cents millions.

Il faut passer plus loin. (Rapport, page 9.) « La moitié du montant des rôles de 1815 » sera perçue à titre de subvention de guerre : » le dixième de la somme qu'elle doit produire, est mis à la disposition des préfets ».

Et (page 78, état 8) le budget de 1815, porte le montant desdits rôles à trois cent vingt millions, et établit la subvention à cent soixante - dix - huit millions. Ce n'est plus seulement la moitié de ce montant : le dixième y est ajouté en sus, au lieu d'être prélevé en dedans ; il y a dix-huit millions de plus à payer au budget que dans le rapport.

On dira que d'autant il est donné aux caractères d'imprimerie d'exercer une puissante influence sur la direction des opinions, d'autant il devroit être apporté de scrupule à éviter ou à déclarer les erreurs notables

qui se faufilent si souvent dans leur manu-
tention.

DE L'ARRIÉRÉ ET DES RENTES.

Un premier trait frappe d'abord, et c'est
un trait de foudre. Tout est jeté pêle-mêle
dans l'arriéré : la dette de 1801, presque
abolie par le laps du temps, se trouve assi-
milée à la dette de 1815, qui est à peine
échue ; l'arriéré des trois premiers mois et
celui des neuf derniers mois de 1814, l'arriéré du 20 mars au 8 juillet et celui du reste
de l'année 1815, sont confondus sous un
titre générique. Il n'est point fait de différence entre les fonds qui se prostituèrent à
la défense de l'usurpation, et les fonds qui
ont répondu à l'appel de la légitimité : la
parole du Souverain et l'engagement d'un
brigand, s'accolent en même ligne, et se ré-
duisent sous un niveau de fer.

Un tel alliage révolte et soulève l'ame : il
faudroit du moins répartir ici quelques faveurs, et là quelques peines, dont la balance
exacte ne dérangeroit point le bilan de l'Etat :
il faudroit entendre surtout que les marchés
contractés sous les phases de la déroute ou de

l'invasion, sont obérés d'une prime analogue à des risques aussi imminens.

Il n'y a pas autre chose à dire sur l'arriéré du 1.er avril 1814 ; et la force des circonstances ferme la bouche, quant à celui des derniers mois 1814, et des premiers mois 1815 : l'attente s'est blasée pendant l'intérim, et des cessions auront été consenties à vil prix. Il étoit possible seulement de consacrer le reste des rentrées de 1814, aux créances les plus respectables.

Mais un cri d'anathême s'élève, quoi qu'on fasse pour le retenir, contre l'adoption de l'arriéré du 20 mars au 8 juillet. Il suffit de comparer son titre au titre de l'arriéré des six derniers mois : c'est rendre trop de justice à l'un que de le rayer de la mémoire; l'autre a tous les droits à la liquidation la plus prompte, à l'allocation d'un intérêt plus haut, à l'affectation d'un gage spécial, à la bonification du cours des rentes. On dira tout : il faudroit le solder au pair ; l'intérêt du trésor y engage ainsi que le vœu de l'honneur, et les moyens ne failliroient pas pour cette noble besogne.

Une haute méprise s'est introduite dans le rapport du Ministre, et fort à propos pour voiler un tel désordre d'idées. Il y est avancé que l'arriéré restant des neuf derniers mois de 1814, se compense à peu près avec les sommes payées sur le service antérieur au 1.er avril, et que l'arriéré de 1815 représente le montant des dépenses de l'interrègne. Ce calcul est fort juste dans le bilan matériel de l'Etat; il règle très-bien la balance nominale des caisses : s'il n'existoit au cœur humain, d'autre puissance que celle des chiffres, rien n'empêcheroit de s'y soumettre.

Mais si les sommes sont pareilles , rien n'est disparate comme les titres; parce qu'on a trop payé sur les créances indues, on n'est pas dégrevé des dettes sacrées : les fournisseurs de la rebellion n'ont pas manqué de se faire solder en temps utile ; ce sont ceux du Roi qui restent plutôt en retard, et l'institution de l'arriéré ne semble érigée que pour leur compte privatif. Les motifs d'ordre ne devoient pas décider dans une telle matière.

Du reste, en thèse générale, la liquidation de l'arriéré est bien entendue. Le poids des choses et le salut de l'Etat font la loi, et la transaction est sortable : on ne force pas ; on accumule les aides ; on se repose au temps sans s'engager au-delà du pouvoir, sans mettre à néant les espérances. Il falloit seulement porter hors de ligne quelques dettes d'un ordre supérieur aux fournitures.

On dira cependant que la franchise dans les calculs auroit été à la fois et plus honorable et plus avantageuse. Il n'y a moyen d'induire en erreur que pour quelques instans, et le contre-coup ainsi retardé, s'aggrave d'autant dans ses effets : la crainte et la honte devoient se réprimer; jamais la pure vérité n'est mieux invoquée qu'au secours de la bonne foi impuissante.

Il ne servoit à rien de soutenir que le gage de l'arriéré est suffisant et qu'il n'est pas permis de manquer à ses engagemens. L'arriéré est légalement reconnu pour la somme de six cent vingt - cinq millions : il lui est affecté quatre cent mille hectares de bois , dont le quart peut-être est déjà vendu , ainsi que les biens des communes : le premier objet étoit estimé en 1814 , au-dessous de deux cents millions , et il est réduit de valeur; le second ne passe pas cinquante millions.

C'est environ deux cents millions de rentrées advenantes sous trois ans , sur quoi il faut déduire plus de vingt millions à prélever pour la dette inscrite : il reste cent quatrevingts millions de rentrées, en face de six cent vingt-cinq millions de créances. Si la consolidation n'est pas forcée, elle est du moins obligée, car les bons du trésor tomberoient

à soixante-dix pour cent de perte, s'ils n'a-
voient ce débouché.

On parlera de même à l'égard des rentes.
Leur somme actuelle est de soixante-cinq
millions; l'arriéré antérieur à 1809 y ajoutera
plus de quatre millions : les charges du traité
de paix s'éleveront à huit millions; et quoi
qu'on dise, la consolidation de l'arriéré four-
nira nécessairement environ vingt millions.
Ce sera près de cent millions au total.

La crainte de déprécier les valeurs de
bourse, a suggéré la tentation d'en dissi-
muler le montant futur. L'erreur est grave
en tous points, car il n'y a ni motifs pour
agir, ni moyens de réussir : le cours de la
rente n'influe aux destins de l'Etat que par
la vanité malentendue qui s'y attache : son
crédit est sans rapport avec le crédit courant,
et sa valeur vénale n'affecte nullement la
masse des titulaires.

Et de plus une telle marche nuit à son
prix au lieu de le servir. La hausse factice et
transitoire, entraîne une baisse d'autant plus
forte et plus tenace; tant que l'effet inévi-
table ne s'est pas opéré, le cours reste vacil-
lant et fluctuant, de sorte à écarter les emplois. C'est comme une sorte de longue ago-
nie; cet état de langueur ne sauroit se guérir

que par des remèdes radicaux, que par une crise violente.

Qu'on laisse les choses s'accomplir, qu'on laisse baisser la rente au minimum? c'est là qu'il est un point d'appui inexpugnable. Aussitôt que la base sera solide, les fonds y accourront de toute part et s'y fixeront au moins pour les trois quarts : rien ne viendra plus à l'encontre ; et comme la foi est au Monarque, comme la charge n'est rien pour la France, le cours s'élevera et se soutiendra à un juste niveau.

L'idéal règne dans cette matière plus qu'on ne peut dire. Qu'il y ait soixante ou cent millions de rentes, le service exact n'en est pas moins certain, la valeur intrinsèque n'en est pas moins haute. C'est le hasard qui détermine le taux du moment ; et ses seuls auxiliaires lui sont fournis jusqu'à cette heure par cette vague émotion répercutée des temps passés, par cette habituelle défiance toujours aggravée par le défaut de sincérité. Il ne falloit que six mois de calme et des paroles de franchise, pour amener tout au mieux.

On arrive ainsi au fonds d'amortissement. Depuis un certain temps, il est de mode, tout en clabaudant contre l'Angleterre, de dépecer ses lois en lambeaux, pour en revêtir notre nudité sans trop de honte : l'exportation strictement prohibée en fait de matières fabriquées, est d'autant plus sollicitée quant aux œuvres politiques et fiscales ; et notre malheur veut constamment qu'elles s'altèrent et s'avarient dans la courte traversée de la Manche.

On ne parlera pas de la thèse en général. Il faut dire seulement que le fonds d'amortissement y équivaut à la moitié des arrérages de la dette, sans qu'il lui soit possible d'en élever le cours au-dessus du denier vingt ; or la dette de France va s'élever à près de cent millions, et les postes ne donneront pas huit millions, d'après les comptes de 1812 et de 1814.

Si l'influence devoit s'exercer sur l'imagination, l'effet est trop lent à se réaliser. Les chiffres ne lui disent mot ; c'est la nouvelle du jour qui dispose de ses erremens : vainement il lui sera démontré par $a + b$, que la dette publique va être réduite aux deux tiers dans vingt ans ; il y a d'ici là, assez de champ pour cent révolutions d'achats et de ventes.

C'étoit dans ce moment même qu'il eût fallu un fonds disponible. Les capitaux se jettent dans la rente à raison de l'intérêt qu'elle donne : cet intérêt est de neuf pour cent au cours de cinquante-six francs, et de huit pour cent au cours de soixante - trois francs; comme cette usure légitimée reste jusque - là fort tentante, il suffisoit de quelques millions pour porter son taux à soixante-trois et peut-être jusqu'à soixante-sept francs.

Mais ici c'est la barre de fer : la rente ne donne déjà plus que sept et demi pour cent, et au - dessus de soixante-onze francs, le lucre est au-dessous de sept pour cent. A ce terme, cent millions par an seroient absorbés pour élever le cours de quatre ou de cinq francs : le jeu chercheroit d'autres appâts, et maints créanciers antiques seroient induits à réaliser.

Le fonds d'amortissement ne se borne plus alors à s'exercer sur le capital de la rente : il lui faut soulever le poids total de la propriété française, le poids de cinquante milliards. Le profit des placemens se balance : nuls fonds ne resteront dans la rente au-dessous de sept pour cent, tant que l'industrie et les prêts privés en fourniront davantage, tant que les terres porteront quatre ou cinq pour cent, et les maisons de six à huit net.

Que le trône se consolide et que la richesse nationale se relève ! Il n'existe point d'autre principe valide d'amortissement; et le temps se charge de le mettre en œuvre.

DE LA SUBVENTION DE GUERRE.

Entre l'article de l'arriéré et le budget de 1816, le projet de loi intercale un service de nature mixte et équivoque. Il s'agit de rembourser l'avance de cent millions et les impositions locales, de secourir et dégrever les départemens occupés par les alliés; on ne croit pas se tromper en abutant ces deux derniers emplois au montant du premier, et la somme seroit alors de deux cents millions.

Il est proposé pour en rédimer l'Etat, d'établir une subvention de guerre qui doit être de cent soixante millions suivant le rapport, et de cent soixante-dix-huit millions d'après le budget. Or le déficit est déjà de quarante millions; il s'élevera au triple par l'effet des non-valeurs, et peut-être il ne restera rien après l'apurement des compensations.

On ne peut se résoudre à isoler le paiement de cette subvention, des impôts directs de 1816 : une telle opération n'est praticable qu'aux pages du Moniteur. Ce sont les mêmes fortunes qui paient, et les mêmes termes où l'on perçoit : l'addition, l'assimilation des deux charges est de fait. Quoi qu'on en ait, il faut dire que le royaume aura à solder quatre cent quatre-vingts millions en 1816.

Comme la subvention doit s'acquitter par huitièmes, les six premiers mois de 1816 se trouvent obérés de cent vingt millions pour les trois quarts de son montant, et de cent soixante millions pour la moitié des taxes directes ; au total deux cent quatre-vingts millions. C'est environ deux fois plus qu'en 1815 ; c'est presque le montant de cette année entière : si le budget étoit fixé de six en six mois, la charge seroit doublée, sauf un huitième de différence.

Cependant ces premiers six mois de 1816 renferment l'ère la plus pénible et la plus misérable des annales françaises : les pertes et les gênes de 1815 y sont répercutées en masse ; et nul espoir de récolte, nul moyen d'industrie ne viennent à leur secours. Il semble que la pénurie des ressources et l'exagération des charges, s'y fixent dans une harmonie parfaite.

On ne dira qu'un mot de la portion incombante sur l'impôt mobilier et sur les patentes. La position du contribuable doit être connue : l'équilibre ne tient qu'à un fil, et le moindre grain de plus suffit pour le rompre. Les saisies et les faillites vont tomber comme grêle : des emplois et des capitaux anéantis, des êtres voués à la mendicité, en voilà la conséquence. Chaque million entrant au trésor coûtera deux ou trois millions à l'Etat.

On s'attache surtout à la portion adve-nante au compte de la contribution foncière. Son montant étoit de deux cent soixante millions, et il sera de trois cent quatre-vingt-dix millions; mais il y a à déduire, peut-être trente millions prélevés sur les biens fonds, dans l'emprunt de cent millions. Il reste trois cent soixante millions à fournir en 1816.

Il convient d'y ajouter par contre, l'arriéré de 1815, dont l'acquit doit se cumuler sur les premiers mois de 1816. Or, suivant les comptes, il se trouvoit dû au 1.er octobre 1815, cent cinquante millions, sur les con-tributions directes : si la moitié en a été payée dans les trois derniers mois, il est dû encore près de quatre-vingts millions; et l'impôt foncier y entre probablement pour soixante millions.

On acquiert ainsi des bases fixes pour asseoir le calcul. La totalité des charges sur les terres, sera de quatre cent vingt millions pour 1816; et comme l'arriéré, de même que la subvention, échoient dans les six premiers mois, ils devront fournir environ deux cent soixante-dix millions.

Un tel ordre de choses est-il juste, est-il possible ? Ces deux questions n'en font qu'une dans la manière de voir. En fait d'impôts, la justice absolue est illusoire, et la justice relative est presqu'insoluble. Quand l'Etat est aux risques, les degrés du juste sont tracés sur l'échelle du possible : l'un ou l'autre doit payer, autant qu'il peut payer et d'autant qu'il peut mieux payer. C'est suivant cette loi, qu'il se rencontre moins de gênes pour l'individu, moins de pertes sur le capital, moins de retards et de non-valeurs quant au trésor.

Il y a deux cent soixante - dix millions à débourser sous six mois : et ces six mois ne sont grevés d'ordinaire que de cent trente millions ; ils sont les moins productifs de l'année ; ils sont privés de ressources plus que jamais. Or, il a été dit ailleurs que la moitié des taxes foncières étoit prélevée sur des fortunes au-dessous de six cents francs de rente ; l'autre moitié sera acquittée ou avancée par les fermiers, qui sauf dans quelques pays, n'ont pas des moyens plus étendus.

Qu'on prenne donc cent mille huissiers et

deux cent mille gendarmes : il n'est pas d'autre recette spécifique pour garantir de telles rentrées. Et combien de contraintes, combien de saisies, combien de faux frais , combien de ventes, sans procompter l'arbitraire qui en aggrave toujours le cours ? Ici le cultivateur vendra ses bestiaux ; là il se réduira sur sa subsistance ; ailleurs il sera jeté nu comme un ver hors de son triste gîte , avec sa femme et ses enfans.

Conçoit-on quelle somme immense de travail est anéantie pour jamais, dans son principe même ? Entend-t-on comment ce fonds d'ensouchement aliéné à vil prix, ne doit plus, aux mains où passent ses débris , s'adapter à un emploi aussi productif ? Les instrumens de labour sont dépecés ou tombent en pourriture , et le bétail privé de valeur , est dévoré hors de mesure.

De là il se formera moins de produits ruraux ; et la disette surviendra à la suite des dilapidations , et le revenu s'abaissera après la destruction de ses élémens, et l'industrie pâtira par le déficit de la consommation, et le trésor ne percevra que des mécomptes dans toutes les branches de l'impôt. En France, tout le mécanisme social repose sur le pivot de la culture.

Mais

Mais sans pénétrer au sombre avenir, qu'arrivera-t-il en 1816 même? le pronostic est peu difficile. Où il n'y a rien, le Roi perd ses droits : il rentrera peut-être cent quatre-vingts millions dans le premier semestre, et cent vingt millions au second, qui seront imputés de droit au compte de l'arriéré et de l'exercice courant : le déficit se trouvera de cent vingt millions au moins sur l'année; c'est à peu près le montant de la subvention, de sorte que les remboursemens et les dégrévemens resteront en projet, sauf à l'égard des compensations. Et ce sera vainement que tant de plaintes et de haines, que tant de désastres publics et privés auront été attirés au sein de la trop malheureuse France.

Le moment vient de dire que les emplois assignés à la subvention, ne se balancent pas avec ses fâcheux résultats. Leurs titres sont précieux sans doute; ils prévaudroient contre d'autres chances; ils seroient justement acquittés sur des recettes différentes. Mais tout est relatif dans la société. Le gouvernement n'a pas plus de moyens pour être libéral, que de droits pour être trop clément : s'il solde celui-ci, c'est en tirant sur celui-là; et la conscience n'est nullement déchargée, en payant une dette légitime avec des rentrées illicites.

On distinguera cependant. Les dégrévemens promis aux pays occupés, se montrent hors de ligne. Leur indemnité ne devroit pas être liquidée et ordonnancée dans les bureaux de Paris, lorsqu'il est si facile de la solder sur les lieux par voie de compensation : pourquoi faire payer s'il faut rendre, et comment faire payer s'il ne reste rien à prendre ?

Quant au remboursement de l'emprunt de cent millions et des impôts locaux, la question n'est plus la même. Les avances sont sorties des bourses les plus aisées, et ont été couvertes par des épargnes ou par les aides du crédit : faudra-t-il maintenant que leur déficit soit rempli par ceux-là même qui sont privés de ces deux faveurs ?

Les fonds sont versés : l'effort est accompli, et le sacrifice est consommé. Personne ne comptoit même sur le remboursement, et n'y comptera pas davantage après les promesses. Ces choses sont d'un énorme poids dans la balance : il n'y a nulle proportion entre le regret d'avoir payé, et la douleur d'avoir à payer. Et la richesse nationale souffre plutôt encore des moyens employés à l'effet de faire les fonds, que de la soustraction des fonds mêmes.

En tout cas, il s'agit de restituer tel impôt. Il y a là un corps de preuves en effet ; mais les titres ne sont pas toujours en raison des preuves ; d'autres dettes provenues de la même cause, seroient bien plus sacrées. A-t-on pensé seulement aux dépenses de la nourriture et aux désordres de l'invasion ? Les victimes sont intéressantes pourtant : c'est le fermier et le paysan, le rentier et l'artisan ; et la charge ne s'est pas répartie dans la mesure des ressources. Qu'on rembourse donc aussi de cette part. Ou si cela ne se peut par manque de rentrées ou de preuves, qu'on tremble du moins de rejeter en excédant à leur compte, des subsides assignés à des emplois moins urgens.

Ainsi la fin générale ne seroit point atteinte par l'établissement de la subvention de guerre. Si son produit devient indispensable, il faut revenir au mode semi-progressif : on a consacré les derniers chapitres des deux brochures citées, à montrer sa convenance relative, ainsi qu'à développer les moyens d'exécution.

DES NOUVELLES TAXES INDIRECTES.

On se perd au dédale de 378 articles, dont 200 pour les taxes nouvelles. En Angleterre la loi se borne à fixer le tarif., le terme et la peine; mais ces détails minutieux sont nécessaires en France, attendu qu'il existe un arbitraire immense dans la gestion des employés, et qu'il n'y a point de recours certain contre leurs méfaits ou leurs méprises. Ce motif est déjà puissant, prépondérant même, contre l'érection de cette sorte d'impôts.

La perception des taxes est assise à la fabrication. C'est attaquer l'homme et non plus la chose, et percer jusqu'au domicile, au lieu d'arrêter sur le seuil des villes; c'est exiger des avances dont la rentrée est éloignée, et décimer des capitaux qui étoient plus qu'absorbés par l'emploi. Ainsi la fraude est sollicitée de chacun, et se propage parmi tout le peuple : tant d'intérêts frappés à la fois se coalisent dans une entente commune; l'agent du fisc est isolé, trompé ou épouvanté, et les tribunaux sont circonvenus de toutes parts.

La menace et la saisie forment la seule troupe auxiliaire de la Régie; les amendes et les ventes comportent le profit le plus net du trésor : or on sait qu'elles portent d'ordinaire sur l'homme borné qui ne sait pas se cacher, sur l'homme obéré qui ne peut se racheter : les autres se sauvent de sorte ou d'autre, sans que des exemples étrangers les retiennent nullement.

Il y a de 15 à 20 articles consacrés aux amendes et aux saisies. Il faut dire, quant aux amendes, que leur exécution entraîne souvent la vente au plus bas prix, soit des outils du travail, soit des meubles du travailleur : la recette est de deux cents francs, de six cents francs ; et pour l'obtenir, il est anéanti un capital actif qui jetoit par an une somme égale de profits. En supposant l'extension générale de ces effets, le capital industriel en entier passeroit au revenu fiscal d'une seule année.

Mais les saisies seront plus communes et plus funestes encore. Ici tout est abandonné à l'esprit de lucre ou d'humeur des agens ; c'est le hasard qui tient le sceptre, et les voies d'appel sont tardives ou illusoires. Que ce soit à la fabrique ou à la circulation, les saisies infligent un arrêt aux opérations du travail. Tantôt l'œuvre est suspendue à l'un de ses degrés, paralysée dans sa marche, souvent même avariée par une inertie forcée : tantôt les instrumens de transport, les hommes et les chevaux, sont mis en séquestre, de sorte à ne rien produire, et de plus à coûter des frais énormes.

On sait que le droit de donner caution est reconnu ; mais c'est une fiche de consolation : le négociant aisé est seul appelé à ce privilége ; un fabricant isolé, un voiturier dépaysé, ne trouveront pas de répondant pour cinq cents francs ou cent pistoles. Il faut qu'ils soient ruinés, ou dans l'attente d'un jugement lointain, ou par la vente soudaine de leur fonds circulant.

On ne s'élève pas contre le tarif : il est très-modéré, et c'est un nouveau mal ; les gênes et les frais sont presqu'au même degré, sans que le profit les compense. Il valoit mieux faire un choix et forcer la taxe, car sans doute la pensée n'est pas venue de n'imposer d'abord qu'un mors léger, afin de façonner insensiblement au joug.

On ne critique pas l'assiette de la perception sur les matières à peine mises en œuvre : c'étoit le seul moyen d'obtenir quelques modiques rentrées en 1816, attendu que les objets fabriqués suffisent à la consommation de l'année. Mais il faut noter que ce mode seroit applicable à plus forte raison aux denrées coloniales qui existent dans les magasins, si le droit de douane devoit être augmenté.

L'attention est appelée plus fortement sur

la masse immense d'individus et de maisons soumis à un exercice inconnu depuis 25 ans : c'est de là que part le premier cri de plainte et de haine qui se répercute aussitôt en un vaste écho, sur tous les points du royaume. Et dans quelles fins, ce trône deux fois renversé et rétabli à nouveau, est-il ainsi aventuré à tous les risques ? par quels moyens, ce Monarque paternel a-t-il été abusé sur tant de désastres et d'injustices ?

Les débitans sont hors de ligne. Il reste les marchands en gros, les brasseurs et distillateurs, les propriétaires de vignobles, les fabricans en fers, en cuirs, en papiers, les maîtres de moulins à huile ou à foulons, les régisseurs de blanchisseries, les planteurs de tabacs, les colporteurs de sels, les voituriers de toutes sortes. C'est près d'un million de chefs de famille, près de quatre millions d'individus.

L'exercice à domicile, l'arbitraire des agens, les soupçons ou les tentations de fraude, la crainte ou le fléau des saisies, des amendes et des ventes, tel est leur patrimoine obligé.

Et cependant le profit net de l'impôt qui n'est déjà évalué qu'à cinquante millions, s'élevera à dix ou vingt millions au plus en 1816. Il faut du temps avant que l'exercice soit en vigueur, avant que les échéances n'arrivent; il faut plus de temps encore avant que les matières fabriquées soient écoulées.

Par contre, les frais gratuits seront énormes dès la première année. Il est vainement avancé que les agens actuels doivent suffire à la besogne nouvelle; s'il en pouvoit être ainsi, leur nombre étoit donc trop élevé, et en le réduisant il y avoit à gagner la moitié des rentrées espérées : un double emploi nécessite double agence; des exercices spéciaux requièrent des employés immédiats. En 1812, les frais de régie des droits réunis et tabacs, montoient à cinquante millions; qu'on déduise le quart pour les pays restitués, et qu'on compte sur la moitié du reste, ou sur vingt millions pour les taxes proposées.

Sous un autre point de vue, le projet de loi confine pêle-mêle sous un niveau de fer, et les hommes et les choses, sans apprécier les moyens des uns, ni les emplois des autres : l'esprit fiscal a tout dicté et la puissance des chiffres est légitimée.

Dans les boissons, comme s'il falloit décerner une prime aux cabarets, les ventes extérieures des marchands en gros et les cessions amiables entre particuliers, sont soumises à des conditions pénibles et limitées sous certaines quotités. L'entrepôt n'est accordé qu'au-dessus de tant de bariques de vin ou de cidre, de sorte que le petit propriétaire se trouve évincé du privilége accordé au spéculateur. Quant aux droits de mouvemens et d'entrée, les départemens sont échelonnés en raison inverse de leurs ressources relatives et sans nulle proportion avec la qualité et la valeur des vins.

A l'égard des droits nouveaux, la licence est du même prix pour le plus mince tanneur et le plus riche maître de forges ; et la différence est de dix à cent francs, entre les moulins à huile et à foulon. Pourra-t-on le croire? Tout contribuable dont la charge passe trois cents francs, obtient un terme de trois à neuf mois, tandis qu'il faut payer sur l'heure si la charge est moindre : il est donné délai à qui possède des moyens, mais non à qui est privé de fonds et de crédit. L'industrie modique est ainsi dévastée de fond en comble, et le travail est aboli à son origine même : qu'on cherche en hâte des ressources étrangères, car bientôt le royaume ne décèle plus qu'un morne atelier de ruines, qu'un vaste dépôt de mendicité ?

Pour les tissus de laine et de fil, la loi est de même guidée dans de fausses voies. Le tarif est d'autant plus haut que la matière est plus grossière : les toiles du prix de quarante sous le mètre paient quatre sous ou le dixième, au lieu que les toiles plus fines n'acquittent que le vingtième. La bure la plus commune est chargée de huit sous, d'un quinzième de sa valeur, pendant que le drap de Louviers est imposé au vingtième.

Il sembleroit qu'on n'ait pas connu dans certains bureaux, quels sont les tissus qui doivent passer au foulon : il sembleroit que les draps et les toiles n'ont été classés sous le même tarif que pour épargner la peine et le papier.

En fait de transport, les calculs sont établis au poids. Le sel et le blé sont assimilés aux vins et aux huiles. Les sinuosités des rivières sont sans influence, et de Nantes à Paris, on paiera à raison de trois cents lieues de poste : si le cabotage y avoit été compris, les savons auroient doublé de prix en traversant le golfe de la Gascogne.

L'article 280 est encore plus étonnant : le transport des denrées aux marchés et le passage des foins et pailles sur la grande route, ne sont exempts de la taxe, qu'autant que les chevaux ou le conducteur appartiendront aux propriétaires ; il n'est donc plus permis de louer des charettes , et qui n'en possède pas , est tenu de manger sa récolte à domicile.

Mais du moins l'homme est doué de se ployer ou de s'esquiver aux atteintes de la loi, quand au contraire les choses sont frappées d'une vocation obligée. Nul projet ne dissuadera le fer de s'adapter aux roues, et le cuir de se contourner autour du pied : c'est une étrange confusion que de colloquer ces matières de première nécessité, entre les cartes et les papiers.

La civilisation de l'homme est due à la tutélaire influence du fer. Le tarif pèse sur un autre producteur, s'il s'allie à la valeur vénale et sur son producteur même, lorsqu'elle se refuse à le supporter. La loi de 1814 étoit déjà un grand fléau : or cette année le fisc a empoigné une arme à deux tranchans : à l'intérieur il inflige une taxe, et pour rédimer les maîtres de forges, il aggrave les droits de douane : le désastre tombe en double mesure. On reste stupéfait de voir s'applaudir à la tribune d'une telle besogne.

Le droit sur les cuirs est foible sans doute ; mais les avances passent les moyens. Cette fabrique s'opère souvent en détail ; il existe peut-être cent mille tanneurs qui œuvrent de leurs propres mains ; lorsque les faveurs sont réservées pour les manufactures, ils seront écrasés. Voilà donc un travail mis à néant et de petits capitaux réduits en fragmens : voilà que le prix s'élève au moins des frais de transport, et que la qualité n'est plus propre à l'emploi. On ne sait pas assez combien les fabriques à bras sont profitables à l'Etat, en fait de matières grossières : chacune prise à part ne semble rien, et en somme, leur valeur est immense.

Mais la plume tombe de lassitude. Il seroit impossible de faire une main à fond ; on est réduit à trancher. Dans l'état des esprits et des choses, aucun de ces droits nouveaux n'est sortable, sauf la taxe sur les cartes et les papiers, et celle sur le transport assise sous un autre mode.

Les cuirs et les huiles seroient plus dûment exercés à l'entrée des villes ; les draps et les toiles pourroient aussi y être saisis : il ne seroit jamais perdu pour la perception, que le montant de la consommation rurale ; et si l'on met tant de prix à ménager le pauvre, à libérer le producteur, c'est la seule voie franchement ouverte pour y parvenir.

Il y auroit de cette manière une économie de quinze millions environ sur la dépense, qui couvriroît le déficit des rentrées, sans être extraite de la circulation : il y auroit une épargne encore plus importante de faux frais et de pertes sèches, de gênes et de dégoûts dans le travail, de reproches et d'amertumes dans les ames.

Rien n'empêcheroit d'ailleurs d'augmenter le droit d'entrée des vins, qui n'est pas trop élevé, même en le cumulant avec l'octroi des communes : et tout engageroit à forcer la taxe des débitans, qui jusqu'à cette heure possèdent seuls le privilége de se faire entendre, non pas qu'ils y aient aucun titre, mais parce qu'ils font corps.

Enfin il s'offriroit des ressources tout à fait étrangères, aussitôt que la manie de se livrer aux innovations et la vanité d'illimiter ses attributions, céderont le pas au secret des bureaux ministériels, devant les considérations prééminentes de respect et d'amour pour le Roi, de zèle et de pitié envers la patrie.

DES DROITS DE DOUANE.

C'est à l'égard des droits de douane, que la plume rentre au privilége si doux de se livrer à l'éloge et de féliciter l'orateur sur ses vues larges et saines. Mais quelle qu'en soit la

cause, les conceptions avortent dans la pra-
tique, de sorte que l'effet reste le même pour
l'Etat et pour le trésor. Les douanes sont jouées
à la baisse comme les droits réunis ont été
joués à la hausse; et dans ces jeux cruels, si
de cette dernière part, le revenu public béné-
ficie du moins en raison des pertes de la richesse nationale, quant à la première, ils se
tiennent plutôt en rivalité de sacrifices.

Pour parvenir par des voies dissemblables,
à des fins presqu'également désastreuses, il
falloit sans doute que les deux directeurs généraux partissent des principes les plus oppo-
sés. Leurs exordes en effet contrastent singu-
lièrement : il est avancé par l'un que dans
ces momens, le seul problème à résoudre est
d'atteindre de tous côtés, la limite des charges
que peut supporter le contribuable : il est
déclaré par l'autre qu'en fait de douanes,
l'intérêt du fisc n'est que secondaire et que
la première condition est de protéger le travail et le commerce.

Avant d'entrer en matière, il faut dire que
le projet relatif aux douanes, se présente fort
induement sous la forme d'articles isolés et
de sections tronquées. Il seroit nécessaire de
former un tableau général des tarifs propo-
sés, où les anciens taux fussent portés en

marge ; il seroit nécessaire que ce tableau fût rédigé par ordre de matières et établît en parallèle les droits d'entrée et de sortie.

L'œuvre d'apprécier sciemment le travail resteroit encore assez difficultueuse : et jusque-là, toute assemblée qui l'adopte ou le récuse, auroit pu tout de même se décider à l'un ou à l'autre, sans y jeter un regard, sans former une opinion et en tirant au sort avec des dés.

En général l'opinion du dernier ministre a fait la loi, et ses mesures ont reçu leur complément. Les objets compris dans l'article premier sont réduits au tiers du droit existant depuis 1810 : si c'étoit de peur de la fraude, la réduction n'atteindroit pas des objets encombrans ; si c'étoit en faveur de l'industrie, elle ne porteroit pas sur des matières improductibles. On n'y conçoit rien, si ce n'est que le trésor y perd quelques millions.

Les cuirs appellent d'abord l'examen. Leur prohibition est absolue, bien qu'il eût fallu distinguer les cuirs grossiers, qui servent à l'homme de peine : sans doute ils ne se risqueroient pas à s'introduire, s'ils n'étoient moins chers ou meilleurs ; et dès-lors c'est à sa charge, comme au détriment du fisc que frappe la prohibition. S'il existoit quelque point de contact entre les directions des douanes et des droits réunis, une solution bien simple auroit satisfait ce semble, le fabricant et le consommateur : la taxe assise à l'intérieur eût été rejetée à l'importation, avec une grande épargne de frais et de gênes, et presque sans perte pour le revenu public.

L'objet du cuivre n'est pas non plus sans intérêt. Le droit est fixé à vingt sols le quintal, au centième de la valeur : c'est cependant une matière de grand emploi, sans être de premier besoin ; et le produit seroit considérable au taux de vingt ou trente francs le quintal. On se désespère de voir par contre, le métal le plus précieux chargé à l'intérieur et surchargé à l'entrée : le fer paie pour le cuivre ; ici les rentrées baissent en quotité, et là les produits augmentent de prix.

Mais les denrées du tropique absorbent l'attention. Qu'on ne se gêne pas à leur égard : il y a peu de risques à ménager celles de nos îles, car elles ne fournissent pas le quart de la consommation : et après tout, les colons valent bien les maîtres de forges.

On a parlé longuement des sucres et cafés. Mais il faut répondre à l'assertion qui a été mise en avant, à leur égard : « Nous » avons été retenus, est-il dit, par les sages

considérations

» considérations exposées en 1814 : par
» cela même que l'usage de ces denrées est
» volontaire, on n'y affecte que la part la
» plus disponible du revenu ; et la consom-
» mation baisse toujours exactement dans la
» mesure de l'élévation des droits ».

Pour réfuter cette théorie, il suffit de rappeler les faits qui ont été consignés ailleurs.
L'importation étoit de cent vingt millions
pesant, au cours de quinze sols, et de quarante millions au cours de cent sols : ce rapport est déjà bien différent. Sans les effets
résultans de l'altération du revenu, elle se
releveroit à quatre-vingts millions pesant, au
prix de trente sols ; et il paroît même que ce
taux a été presque atteint en 1815. Les
douanes ont produit 20,000,000 de francs
avant le 1.er octobre : il y a eu cependant
plus de trois mois de guerre, et il restoit trois
mois à courir : elles devoient donc produire
40,000,000 de francs, où l'on peut croire que
les sucres et cafés entrent pour les deux tiers.

Si le droit étoit porté à dix-huit sols, le
prix de la denrée monteroit de trente à quarante - deux sols. Pour que l'assertion fût
exacte, il faudroit que la consommation bais-
sât alors à vingt-six millions pesant ; et personne ne peut le croire après qu'elle est restée

à quarante millions, au prix de cent sols. On se prive de café lorsqu'il vaut cent sols, tandis qu'au cours de quarante sols, on le prend seulement plus foible : un quart en sus du prix courant ne réduit pas l'emploi d'un huitième. Ce n'est pas en raison de la hausse spéciale du droit fiscal, mais d'après la hausse effective du prix marchand, que la consommation diminue.

Au reste, ce produit des douanes en 1815 démontre ce qu'on avoit déjà supposé, que la fraude n'est pas si générale qu'il étoit dit : il en résulte un obstacle de moins pour augmenter la taxation, car les garanties du trésor s'élèvent, avec le temps, en juste proportion de sa surcharge [1].

Il paroîtroit en outre que les sucres terrés auroient dû être moins grevés que les cafés, comme ayant une moindre valeur et un emploi plus utile. Et comment se taire sur la prohibition des sucres raffinés ? Le luxe en raffoloit ; il en survenoit à quelque prix que ce fût, et plusieurs millions s'en extrayoient facilement : le profit du trésor étoit égal au moins à l'accroît de valeur qui leur est im-

[1] On voudroit renvoyer à cet égard aux Observations comparatives sur la taxe des sels et les droits de douane. Paris, Migneret, 1815.

primé en France. Les spéculateurs en pains
de sucre sont encore à naître ; en leur accor-
dant un décime par franc en guise d'aumône,
ils étoient désintéressés jusque de leurs espérances. Il faut le dire : mieux valoit établir
la prohibition à la fabrique qu'à l'entrée.

Les cotons en laine sont taxés de trois à cinq
sols la livre, à peu près au vingtième de leur
valeur : il doit en entrer pour cinquante millions ; ce seroit une belle recette, s'il étoit possible de les imposer à cinquante pour cent.
Or, qu'on prenne une livre de coton du prix
de quarante sols : il faut le carder, le filer, le
tisser, le teindre, le voiturer et le débiter ;
après toutes ces mains - d'œuvre, sa valeur
monte au moins à six francs, et le droit no-
minal de vingt sols ne la porte qu'à sept francs.

Supposons que le coton fût de qualité
plus fine et du prix de quatre francs la livre :
sa valeur finale s'élevera à vingt-quatre francs,
au sextuple au lieu du triple ; et un droit égal
au prix vénal de la laine brute, ne l'augmen-
teroit non plus que d'un septième. Il suit de
là qu'il n'y a point de proportion entre la
taxe de trois sols sur les cotons turcs, et
celle de cinq sols sur les cotons d'Amérique ;
il suit de là que les tissus communs de coton
ne seroient guère plus maltraités que les

grosses toiles et que les tissus fins le seroient beaucoup moins, si le tarif étoit porté à cinquante pour cent de la valeur.

On ne demande que le pair des charges entre l'homme des champs et des villes : on demande seulement que les produits indigènes obtiennent autant de grâce que les exotiques ; on demande que la loi n'oblige pas le Français à s'aller vêtir à Naples ou en Macédoine, aux risques de laisser son sol et ses bras sans emploi, et de manquer d'habits en temps de guerre. Mais comment l'espérer, lorsqu'un homme de mérite se croit tenu de justifier la fixation d'un tarif qui n'élève que d'un cinquantième, le prix de la matière œuvrée ?

Ce parallèle conduit naturellement à quelques observations sur les droits d'exportation. C'est ici qu'on se réfère à l'exorde du Directeur général des droits réunis : Il ne s'agit, dit-il, que d'atteindre de tous côtés la limite possible des charges : or, dans un tel état de choses, il y auroit grand risque à la dépasser d'une part, si de l'autre on se tenoit trop en arrière.

La pensée est donc, qu'il faut laisser de côté, cette théorie souvent vaine contre laquelle il est d'usage de se récrier, au moment même qu'elle dicte toutes les conceptions. On met au premier rang les besoins du trésor royal, et en seconde ligne l'intérêt général de la consommation, et l'intérêt privé de la production.

Cela posé, il faut balancer les droits d'exportation vis-à-vis les taxes intérieures. On ne déduira pas en faveur des premiers, cette masse de gênes et de plaintes, de frais et de fraudes, de saisies et de ventes, qui sont inhérens à celles-ci : on ne dira pas que le coût réel de la même somme prélevée à l'intérieur, au lieu d'être perçue à la sortie, revient au double pour la richesse nationale.

Mais il est d'autres considérations. Les droits d'exportation ne portent qu'au moment de la réalisation des ventes et ne sont point exigés long-temps à l'avance : ils ne frappent la matière qu'au moment de sa dernière main-d'œuvre et ne viennent pas tomber comme la foudre, à travers les opérations du travail. Enfin personne ne peut douter que les taxes intérieures ne se répartissent en totalité entre le producteur et le consommateur régnicoles, tandis qu'il est permis d'espérer qu'une part au moins des droits de sortie est remboursée par les étrangers.

Le point capital dans l'imputation des droits, consisteroit à garantir ce dernier résultat. Or il est assuré quant aux matières œuvrées dont l'habitude ou le génie confèrent le monopole à la France : tous les tissus de soie, les tissus fins de lin, quelques draps supérieurs, lès modes, la bijouterie et l'orfévrerie, etc., entrent dans cette catégorie. Leur taxation au dixième du prix vénal, n'en réduiroit pas l'exportation d'un vingtième ; et cette modique restriction est d'autant plus supportable pour les manufactures, que les débouchés du dehors sont très - foibles en comparaison du marché intérieur.

On rencontre ensuite les denrées exclusivement indigènes au sol, comme les vins, les huiles fines, etc., qui jouissent du même privilége. Leur exportation long-temps suspendue, va être sollicitée fortement : les frais de transport et d'entrée en augmentent tellement la valeur au dehors, qu'un droit du dixième n'y ajoute que cinq pour cent au prix vénal : la réduction des commandes ne peut provenir de cette cause, et dérive uniquement des taxes assises à l'importation dans les autres Etats : le fisc de France avec ses égards trop scrupuleux, ne travaille qu'au profit du trésor de ces pays.

Il s'agit maintenant des matières premières ou à demi-œuvrées, dont la fabrique est ordinaire en France. Ici le débat s'élève entre la culture et l'industrie ; celle-ci exige la prohibition de sortie, celle-là réclame l'immunité absolue. En thèse générale, on se rangeroit en faveur de la culture ; et l'industrie n'y perdroit rien, attendu que d'une part la production brute s'accroît, que de l'autre le prix des objets fabriqués s'élève.

Mais la question change de face, quand la culture doit être chargée d'un impôt énorme et entravée par des taxes indirectes. Alors il devient de son intérêt même, que le subside porte le moins de frais et de gênes possibles et s'acquitte en quelque portion par l'étranger : son bénéfice sera certain, pour peu que la rentrée fiscale vienne en dégrévement des contributions intérieures.

Les lins et les laines filées se montrent sous ce point de vue. Les prohibitions ou les conditions de sortie y nuisent à une sorte d'industrie d'autant qu'elles en favorisent une autre ; et dans cette balance presqu'égale, les gains ou les pertes du trésor restent seuls à peser. Il ne faudroit pas que l'intérêt des propriétaires de mérinos l'emportât en 1816 comme en 1814 : ce seroit à eux plutôt de mieux entendre l'économie rurale, afin de soutenir la concurrence : d'ailleurs la destruction de ce bétail doit réduire les produits au-dessous du niveau des besoins. Il n'y auroit donc nuls risques à taxer les laines d'une manière moins insignifiante.

DES DROITS DE MUTATION.

On applaudit grandement à l'augmentation du tarif sur les successions directes. Mais il est fâcheux que l'imagination soit toujours épouvantée d'un tarif au-dessus de tant pour cent: en fait de matière imposable, il s'agit seulement d'apprécier le titre moral dont elle est revêtue, pour fixer le montant numérique de la charge qu'elle doit supporter; c'est entre ces deux élémens que la balance s'établit avec équité : si on suppose que le titre d'une matière n'est évaluable qu'à la moitié ou au quart du titre d'une autre matière, cette dernière est dûment appelée à subir une charge double ou quadruple.

Or il y a un immense intervalle pour le titre, des successions directes aux collatérales; et il n'est plus nul rapport entre les mutations advenues dans l'ordre naturel et celles incombantes d'après le système révolutionnaire. La proportion entre les deux premières classes devroit s'établir du simple au triple ; entre les deux dernières, rien ne limite la progression, que l'impuissance de désigner l'acte ou de percevoir le droit. On s'est étendu ailleurs sur ces considérations.

Cependant l'art. 29 du projet de loi, oblige les héritiers de tout absent, à acquitter une taxe dont la législation les libéroit pour le moment : et l'art. 32 décide que toutes les mutations ouvertes avant la publication de la loi, seront également passibles des nouvelles fixations. Il y a bien là, un effet rétroactif à la façon dont ce vain mot est généralement adapté : ce sont des droits échus et acquis sous la protection des anciennes lois, dont la condition reconnue est altérée par une loi postérieure. La planche est jetée ainsi, et il ne faut plus craindre de la franchir.

On peut donc parler avec plus de confiance, de la révision des transactions passées depuis dix ans, entre les héritiers ou donataires et l'administration de l'enregistrement. Il n'existe en sus que la foi du contrat : mais il n'y a plus de foi, là où il y auroit fraude ; mais le droit de rescision est licite entre particuliers pour faits de dol et même pour erreurs de calcul. Et dans l'espèce, la vérification légale peut s'appuyer à juste titre, sur l'un ou l'autre de ces motifs.

Il n'est pas besoin d'ajouter que le délit invoque la peine, et que l'exemple épargne le délit : de telles raisons sont plus valides à l'effet de régulariser les perceptions opérées, que le retard de la liquidation ne l'étoit pour infliger l'accroît du tarif.

DES RETENUES ET DES CAUTIONNEMENS.

Le temps ne permet que de dire un mot du système des retenues et du taux des cautionnemens.

Pour découvrir la matière imposable, fournie par les salaires de toute nature, les calculs peuvent s'asseoir sur des présomptions, ou d'après le produit du tarif proposé : par la première voie, on avoit établi leur montant à 180,000,000 fr., sans y comprendre la solde. En se servant de la seconde, il faut déterminer quel est le moyen terme des salaires : on le croiroit au taux de 4,000 fr. ; on croiroit que 90,000,000 fr. sont répartis en lots au-dessus de cette somme et autant en lots au-dessous : or le tarif est fixé pour 4,000 fr., à raison de sept pour cent, et le produit total des retenues est de 13,000,000 fr. Ainsi la matière imposable s'élèveroit de même à 180,000,000 fr.

Maintenant c'est une bien foible réduction que 13,000,000 sur 180,000,000. Il ne falloit pas suivre la proportion arithmétique de centime en centime, mais plutôt la progression géométrique du huitième, du sixième, du quart, etc. : le bénéfice auroit pu monter ainsi à 50,000,000 par an, en ordonnant la retenue à titre de report et jusqu'à 30,000,000 en l'imputant à titre de subside.

Quant aux cautionnemens, il n'y a rien à opposer à l'égard des receveurs généraux et particuliers, si ce n'est que le tarif est assis sur des bases fausses ou anciennes. Les douanes par exemple ont changé de siége depuis la paix : on ne citera que le fait le plus saillant dont les notions sont certaines. La ville de Redon en Bretagne, est privée de tout commerce en temps de paix, et la recette principale est une des plus foibles du royaume ; cependant le cautionnement est augmenté de 40,000 francs. On doit même dire que le titulaire dénué de bien et chargé de famille, n'a pas hésité à donner sa démission, plutôt que de prêter serment pendant l'interrègne.

Du reste, les payeurs, les agens des droits réunis, les employés des douanes, les con-

servateurs des hypothèques, pourroient fournir du double, au quadruple et au sextuple du
tarif : il n'y a nulle proportion entr'eux et les
receveurs. Les agens de l'enregistrement et
des forêts seroient dûment appelés à subvenir également, ainsi que les commissaires des
guerres, les maîtres de poste, les directeurs
de poste, les buralistes de la loterie et des
tabacs, etc.

Il sembleroit que le mot de cautionnement ait induit les esprits en erreur, de
sorte à n'en appliquer les effets qu'aux comp-
tables. On s'étoit servi aussi du terme d'aliénations d'office : rien n'importe dans ces
momens que d'extraire des fonds de qui doit
et peut payer. La convenance en a été exposée
dans un autre lieu.

RÉSUMÉ DES RESSOURCES DE L'ÉTAT.

On doit prendre pour base, le projet de
budget de 1816.

Les recettes ordinaires sont à. . 727,000,000 fr.
Les recettes extraordinaires à. . 73,000,000

TOTAL. . . 800,000,000 fr.

Les dépenses ordinaires sont de . 525,000,000 fr.
Les dépenses extraordinaires de . 275,000,000

TOTAL. . . 800,000,000 fr.

Il convient d'y ajouter des deux parts la somme de 160 millions, imposée sous le titre de subvention de guerre et assignée à divers emplois, de sorte que le montant des rentrées supposées et des besoins reconnus, s'élève à 960 millions pour 1816.

Or il ne peut s'opérer de changement au projet de budget, que par la diminution de certaines dépenses ou par l'adoption de ressources différentes : l'une et l'autre de ces voies mènent au même résultat, de procurer un fonds disponible dans le bilan de l'Etat.

On pense que l'affectation de ce fonds devroit être désignée de la manière suivante :

Pour l'abolition des nouvelles taxes. 50,000,000 fr.

Pour la réduction de l'impôt sur les sels, à un sol la livre. 12,000,000

Pour un fonds de décharge sur les contributions directes 40,000,000

TOTAL. . . 102,000,000 fr.

Maintenant le mode des économies se présente en première ligne. Il n'est pas de meilleur moyen pour conquérir l'amour des peuples et le respect de l'Europe, pour garantir les recettes et les paiemens du trésor royal.

On les répartiroit ainsi :

La justice et les finances, au cin-
  quième. . . . . 6,000,000 fr.
L'intérieur à moitié.. 36,000,000
La marine à moitié. 24,000,000
La guerre au tiers. 60,000,000
Les frais de régie au quart. . . 20,000,000
Le fonds d'amortissement (*). . . 14,000,000
                            —————————
Montant des épargnes. . . 160,000,000 fr.

(Suite des vues, pag. 32 et 42.)

Il convient d'y ajouter la remise de tout
ou partie des appointemens, qui devroit être
offerte ou exigée, de la part des titulaires
dont la fortune est indépendante. (*Id.* p. 25).

On doit entrer ensuite, dans l'exposé des
ressources étrangères au projet de budget,
qui sont de nature à subvenir au défaut des
épargnes ou plutôt à leur adjoindre des aides
nouvelles. On en parlera dans l'ordre de leur
préférence relative, en les appréciant sans
doute d'après des données très-vagues, mais

(*) En mettant en balance le dégrévement des sels, vis-
à-vis les projets d'amortissement, il ne devroit rester aucune
hésitation : ici c'est une goutte d'eau qui se perd dans
l'océan des tourmentes ; là c'est une rosée abondante qui
nourrit les sources les plus précieuses. Et quel seroit le génie
assez fiscal, pour dénier au digne héritier d'Henri IV, la
faveur de transmettre à ses peuples, quelque présage de
leurs futures destinées.

aussi en ne les portant qu'au *minimum* des présomptions.

Les aliénations s'offrent d'abord. Tout engage à vendre en sus des quatre cent mille hectares, une quantité de bois pour les services de 1816 et de 1817.

Ces ventes pourroient donner par
an. . . . . 100,000,000 fr.
Les cautionnemens devroient fournir par an au-dessus du taux
proposé. 40,000,000
Total. . . . . 140,000,000 fr.

(Vues, pag. 51; et suite, pag. 58.)

Les anticipations viennent en second lieu. Il est des mouvemens de fonds qui peuvent s'opérer en 1816, et se prolonger par-delà; savoir :

Les billets des monnoies. . . . 20,000,000 fr.
Et les bons de caisse admissibles en
recette 60,000,000
Le report d'une part des fournitures et d'une part des rentes, pensions et salaires de 1816 et 1817, sur 1818 et 1819, donneroit par chaque année une
aisance de. 100,000,000
Total. . . . 180,000,000 fr.

(Vues, pag. 53; et suite, pag. 68.)

Mais il faut observer que la dernière portion des reports est en double emploi des retenues : on doit rappeler en outre que ces divers moyens sont appropriés surtout pour couvrir le déficit des rentrées supposées.

On arrive à la matière des impôts. La prééminence y paroît incertaine entre les droits de douane et les droits de mutation, sauf à l'égard des sucres et cafés ; sous les autres rapports, il conviendroit de les combiner en proportion égale.

Les droits de douane doivent être abutés ainsi :

Les denrées coloniales. . . .	50,000,000 fr.
Les cotons en laine.	15,000,000
Les autres denrées.	20,000,000
Les objets d'exportation. . . .	15,000,000
TOTAL. . .	100,000,000 fr.
Dont il faut déduire la somme portée au budget.	40,000,000 fr.
Bénéfice restant. . . .	60,000,000

(Suite des vues, pag. 76 et 89.)

Le rang est dévolu ensuite aux droits de mutation.

Et d'abord la révision des transactions passées depuis dix ans, apporteroit 80,000,000, dont la moitié pour chaque année. . 40,000,000 fr.

A reporter. . . . 40,000,000

les

Ci-contre. 40,000,000

L'élévation générale du tarif sur
les successions et donations. . 20,000,000
L'augmentation du tarif sur les
aliénations. 30,000,000

Total. . . 90,000,000 fr.

(Vues, pag. 86 ; et suite, pag. 125.)

De là on vient aux taxes assises à l'intérieur.

L'établissement des licences ou la hausse du droit
    sur les cabarets fourniroit un
    excédant de. . . . . . . 20,000,000 fr.
La surcharge du droit sur les
    vins. 15,000,000
La surcharge du taux des octrois. 15,000,000
La perception du droit d'octroi
    sur les matières d'industrie. . 20,000,000

Total. . . 70,000,000 fr.

(Suite, pag. 104.)

Il n'est pas besoin de répéter quelle est la
pensée à l'égard de toutes ces taxes, sauf la
première.

On ne doit pas supputer la somme des
diverses sortes de ressources : ce seroit, ce
semble, les assimiler sous une même catégorie, tandis que leurs résultats contrastent
éminemment. Il a paru plus séant de les
ranger d'après leur convenance respective.

On n'a pas parlé encore de la subvention

de guerre, attendu que le projet de loi la met
en dehors du budget, et qu'il étoit à craindre
d'embrouiller la matière. Il est plus naturel
d'ailleurs de l'apprécier vis-à-vis le plan de
surtaxe foncière, qui ne présente dans le fait
que sa rectification.

Cette surtaxe a été évaluée à 80 millions.
Si elle étoit admise en remplacement, il s'en-
suivroit à l'égard du trésor, qu'un fonds de
non valeurs seroit fixé à la moitié de la subvention, à l'effet de dégrever les contri-
buables les plus obérés.

Quant aux particuliers, les fortunes au-
dessus de 1800 francs de rente, se trouve-
roient taxées plus fortement que par la subvention, tandis que celles au-dessous obtien-
droient une décharge partielle ou totale.

Or une telle opération détermineroit un
déficit de 80 millions dans les calculs du Ministre des finances. Ce déficit doit équivaloir
au montant des sommes perçues jusqu'à ce
moment sur l'avance des 100 millions; et le
bilan de l'Etat se rétablit au pair, en renon-
çant à effectuer son remboursement.

Il ne s'agit donc que de balancer les motifs de ce remboursement, avec les consé-
quences de la subvention : la question ne
sera pas long-temps indécise, pour peu que

les intérêts de la paix publique et de la richesse nationale soient autorisés à y intervenir.

Ou plutôt il faut dire et redire que la force des choses en donne la solution finale; quoi qu'on fasse, il ne rentrera jamais plus de la moitié de la subvention de guerre, et la liquidation des 100 millions restera éternellement en projet.

Cependant on ne pense pas que le seul moyen de remplacer la subvention de guerre, soit fourni par l'érection de la surtaxe foncière : des ressources infiniment préférables ont été proposées pour couvrir tous les besoins du trésor.

Rien n'engage à y recourir, si le remboursement de l'avance des 100 millions est mis hors de ligne; et dans le cas contraire, il semble encore possible de s'en dispenser, en suivant franchement la voie des économies.

Mais s'il n'en doit pas être ainsi, on est forcé de soutenir que ce remboursement seroit désastreux à tenter et impossible à accomplir, autrement qu'à l'aide de la surtaxe foncière.

(Vues, pag. 97; et suite, pag. 13-3.)

FIN.